Prix : 50 c. — Franco par la poste : 60 c.

V.-M. MAISONNEUFVE

LA PRESSE POPULAIRE

TONY RÉVILLON

Avec une photographie d'après E. CARJAT

PARIS

E. LACHAUD, ÉDITEUR

4, PLACE DU THÉATRE-FRANÇAIS

1869

TONY RÉVILLON

TONY RÉVILLON

TONY RÉVILLON

PAR

V. F. MAISONNEUFVE

PARIS

E. LACHAUD, ÉDITEUR

4, PLACE DU THÉATRE-FRANÇAIS.

1869

TONY RÉVILLON

I

« Dans les journaux à un sou, depuis 1860,
la chronique a rendu un immense service aux
lecteurs qui n'ont ni le temps ni le moyen
d'aller puiser aux sources, où nous-mêmes,
les privilégiés de l'instruction, nous sommes
obligés d'aller retrouver des connaissances
qui nous échappent.

« Le tour donné à ces vulgarisations scientifiques et littéraires assure avec valeur réelle

à ce travail ardu et méritoire, et c'est de grand cœur que je paye ici avec conviction, — et, je l'espère, sans banalité, — un tribut de reconnaissance à ceux qui s'appliquent à rendre facile la perception de ces connaissances élémentaires dont sont dépourvues lés pauvres d'argent. »

Ainsi s'exprimait M. Henri de la Pommeraye, dans sa conférence sur la Chronique et les Chroniqueurs, qui obtint un succès réel au boulevart des Capucines l'hiver dernier.

Parmi les journaux à un sou, dont parlait le jeune conférencier, deux surtout ont obtenu une vogue qui va croissant, — vogue qui leur a valu du reste, il y a quelques mois, une violente attaque de leurs grands confrères.

La presse populaire a laissé passer la bourrasque, et elle a continué son chemin.

II

Il y a quelques années, trois sortes de journaux existaient :

Les grands journaux, qui donnaient et discutaient les nouvelles politiques ; les petits journaux, qui demandaient leur succès à des révélations sur la vie privée des individus ; les journaux spéciaux, qui publiaient, soit des romans et seulement des romans, soit l'histoire illustrée de la semaine.

Les grands et les petits journaux se vendaient cher ; ils étaient par conséquent hors de la portée de la masse des lecteurs. Le peuple, affamé de lecture, n'avait à sa disposition que les recueils hebdomadaires de romans.

Une quatrième presse est née, due à l'initiative d'un esprit ingénieux et hardi, et son bon marché l'a mise aussitôt à la portée des bourses les plus humbles.

Le travailleur, auquel s'adresse cette dernière, est fatigué de sa journée quand il se met à lire. Il est las de la vie réelle ; il aimera les aventures extraordinaires et merveilleuses : d'où les romans.

Mais on ne vit pas toujours dans le bleu.

A Paris comme à Athènes, on s'aborde volontiers avec ces mots : « — Quoi de nouveau ?... » Les faits — divers répondirent à cette curiosité naturelle du lecteur.

Mais amuser, distraire et satisfaire la curiosité ne suffisait pas : il fallait encore instruire.

Là était la justification de l'entreprise. Là serait son mérite et sa raison d'être.

La politique est une science souvent abstraite. Même vulgarisée, elle n'est guère à la portée que des lecteurs qui ont reçu des données premières. Pour comprendre un premier-Paris, il faut savoir un peu d'histoire, un peu de géographie, un peu de législation. Ces données premières, le petit journal à un sou les répandrait chez tous, faisant l'office d'un maître d'école sans pédantisme, ou plutôt remplissant le rôle d'un ami éclairé.

A l'apprenti, il dirait comment on devient un bon ouvrier; à l'enfant, comment on devient un homme; à l'homme, comment on devient un citoyen. Le citoyen lirait plus tard les grands journaux.

Il énumérerait à l'ouvrière les devoirs de la ménagère et de la mère de famille. Il lui apprendrait à bien élever ses enfants, et même à faire le pot-au-feu.

Il mettrait tour à tour en scène le cocher dans la rue, le casseur de pierres sur le grand chemin, la porteuse de pain levée avant le soleil, et la couturière dont la lampe brille dans la nuit. Toutes les professions humbles et obscures, mais grandes par cela qu'elles sont utiles, auraient chez lui leurs chroniqueurs et leurs poëtes.

Avec les grands jours de l'année, il enseignerait l'histoire,—mais l'histoire à la façon des historiens anglais, groupant autour d'une individualité les événements dans lesquels cette individualité s'est agitée. A propos des voyages des contemporains, il enseignerait la géographie.

Il encadrerait, dans des scènes populaires, l'amour, l'amitié, le dévouement, les sentiments qui ennoblissent et relèvent l'homme.

Il se ferait le propagateur infatigable de toutes les institutions de bienfaisance, de mutualité et de crédit, sachant bien, avec

Lacordaire, que l'association est la formule des sociétés modernes.

Enfin, à défaut de l'intérêt qui naît des luttes au jour le jour de la politique, il aurait cet intérêt plus permanent et plus vraiment démocratique, qui résulte de l'exposé des idées générales, base de toute instruction.

Idéal admirable ! — me dira-t-on. Mais la presse populaire l'a-t-elle atteint ....?

Je n'hésite pas à répondre : « —Oui, dans une large mesure. » N'eût-elle fait, du reste, que se le proposer et le poursuivre,—ce que nul n'oserait contester, — elle aurait déjà rempli une mission utile, et, à ce titre, elle aurait encore droit à notre estime.

C'est pour les deux millions de lecteurs créés par cette presse populaire, qu'on appelle « petite presse », pour la distinguer de la politique, — que je vais essayer d'esquisser en quelques pages la figure du plus sympathique de ses chroniqueurs.

III

Tony Révillon est né le 29 décembre 1832, à Saint-Laurent-lès-Mâcon, dans le département de l'Ain.

Il a pris soin de nous décrire lui-même son pays natal :

« A peu près à égale distance de Châlon et de Lyon s'étendent : à droite de la Saône, une petite ville ; à gauche, un gros bourg. La ville, c'est Mâcon ; le bourg, c'est Saint-Laurent. Un pont de pierres, construit par les soldats de Jules César, réunit les deux rives ; la moitié de ce pont appartient au département de Saône-et-Loire, l'autre moitié au département de l'Ain.

« Un îlot de maisons basses, baigné, d'un côté, par la rivière, des trois autres, par les vagues vertes des prairies bressannes ; pas de quai ; une grève couverte de barques échouées, de filets suspendus à des piquets, de linge posé sur des cordes ; une rue étroite ; trois ou quatre ruelles ; une grande place dont le sol inégal est çà et là coupé par des flaques d'eau ; sur la place, le long des rues, le long de la rivière, des oies par bande : tel est Saint-Laurent. »

Son père avait servi dans les cuirassiers, sous l'Empire ; il avait assisté aux batailles d'Essling et de Wagram ; puis, rendu à la vie civile, il était revenu cultiver son petit domaine. Tony fut donc élevé au milieu des petits paysans, des bestiaux, des basses-cours, se donnant carrière dans les champs et les vergers.

Un de ses amis l'a dit avec raison dans la *Presse illustrée* :

« C'est sans doute au souvenir de ses premières années que Tony Révillon doit de peindre avec tant de charme les beautés de la campagne, quand ce sujet se présente sous sa plume. L'homme qui se souvient sera toujours plus vrai que l'homme qui imagine. »

M. Alphonse Hermant ajoute :

« L'âge d'entrer au collége arriva ; Tony Révillon fut placé au collége de Mâcon où il fit ses premières classes ; puis on l'envoya à Lyon où il termina ses études.

« Ce fut en 1848 qu'il vint à Lyon, pour entrer *en troisième*.

« Il fut témoin de la révolution de 1848 dans la seconde ville de l'Empire, vit les barricades dans les rues, les clubs à l'Hôtel de Ville, les manifestations à la Croix-Rousse, l'organisation des *voraces* qui, pendant quelque temps, dominèrent et sauvegardèrent la ville ; enfin, tous les épisodes qui constituèrent cette grande date de notre histoire.

« De ce jour, il comprit qu'il y a une autre vie que celle du collége.

« Quand on a fini ses études, il faut faire quelque chose. Tony devint clerc de notaire. Pendant trois ans, pour obéir à la volonté paternelle, il grossoya des minutes, copia des actes de ventes et barbouilla du papier timbré à son corps défendant.

« En vérité, je vous le dis, moi qui le connais, il eût fait un singulier notaire.

« Son père mourut ; il revint près de sa mère, et pendant deux années se demanda ce qu'il pourrait bien devenir.

« Il connaissait Lamartine, dont les propriétés se trouvaient dans son pays. Il prit un jour une détermination, vint à Paris trouver son illustre compatriote, et lui demanda sa protection, déclarant qu'il voulait être journaliste.

« — Dans quel journal voulez-vous écrire? lui demanda Lamartine.

« Il n'y avait alors, en 1857, que deux petits journaux ; l'un d'eux, le *Figaro*, attaquait Lamartine ; l'autre, la *Gazette de Paris*, n'en disait rien. Il n'y avait donc pas l'embarras du choix, et Tony Révillon écrivit dans la *Gazette de Paris*.

« Le premier pas était franchi. Il y a de cela douze ans, et depuis cet espace de temps Tony Révillon a passé dans toutes les gazettes littéraires qui existent ou ont existé, telles que : le *Figaro*, le *Charivari*, le *Gaulois*, le *Nain Jaune*, le *Jockey Club*, le *Sport*, le *Jockey*, etc.

« Un jour, notre chroniqueur voulut avoir un journal à lui.

« — Et pourquoi pas ? se dit-il.

« Aussitôt dit, aussitôt fait ; il fonda le *Petit Journal du mois.*

« Affranchi des avertissements d'un rédacteur en chef, il lâcha la bride à sa fougue naturelle. Il se souvenait trop de l'année 1848, alors qu'il était au collége de Lyon. Après six numéros, sa revue fut supprimée pour avoir traité de matières politiques sans être autorisée et cautionnée... »

Que celui de nous qui, dans son passé de journaliste, n'a pas éprouvé pareille mésaventure, — que celui-là, — dis-je, lui jette la première pierre !... C'est un droit que je n'ai pas pour ma part.

« Tony Révillon partagea alors sa vie entre le travail et les voyages ; toutes les villes d'eaux le virent tour à tour pendant la belle saison. L'hiver, il rentrait à Paris, écrivait et publiait un volume...

« Entré à la *Petite Presse* lors de sa fondation en avril 1866, il en est le chroniqueur quotidien depuis le 1ᵉʳ septembre de la même année. Depuis deux ans et neuf mois il a, chaque jour, improvisé un de ces charmants articles si goûtés des lecteurs, et qui sont une des grandes attractions de ce journal, le plus populaire et l'un des plus courus de ce temps-ci... »

IV

F. Ponsard a écrit quelque part :

« Je suis de cet avis, que c'est à l'œuvre
à parler pour l'œuvre ; l'auteur produit, la
critique discute ; le public juge et tout est
dans l'ordre... »

Je ne crois pas pouvoir faire mieux connaître le chroniqueur de la *Petite Presse*, —
à ceux de nos lecteurs qui n'auraient lu de
lui que quelques articles épars,— qu'en prenant au hasard, dans les mille pages de son
œuvre quotidienne, une de ces causeries
intimes et familières dont seul peut-être il
possède le secret.

CONSEILS A UNE APPRENTIE.

Samedi, ma petite fille, votre patronne vous a appelée pour vous prier de l'aider à essayer une robe.

Vous êtes descendue au salon, et vous y avez trouvé une jeune femme très-élégante qui examinait des garnitures, en demandant de temps en temps l'avis d'un jeune homme qui l'accompagnait.

Votre patronne, quand elle leur parlait, disait : « Madame la comtesse, » et « Monsieur le comte. »

La jeune femme n'était pas très-jolie, à la prendre par le détail. Son nez était trop busqué, ses yeux étaient trop petits, son menton se relevait trop brusquement, et elle avait la taille plate. Mais on ne remarquait pas d'abord ces imperfections, tant la séduction de l'ensemble était grande.

La façon d'avancer le pied, la manière d'agiter la main pour accompagner les paroles, le mouvement des lèvres, le regard des yeux, tout portait l'empreinte de la grâce.

Elle avait quitté un de ses gants, et vous regardiez ses doigts pâles ornés de bagues dont les pierres jetaient des feux. Machinalement, vous avez caché vos mains et vous vous êtes sentie mal à votre aise et comme honteuse.

Madame la comtesse parlait ; votre patronne lui répondait ; vous, vous n'entendiez rien. Vous demeuriez tout étourdie. Je crois qu'on vous a grondée.

La jeune femme, en partant, a laissé derrière elle un léger parfum. Immobile, vous écoutiez dans le vestibule et l'escalier le frôlement de sa robe de soie. Vous avez vu un équipage à travers les vitres, un cocher galonné, un valet tête nue à la portière ; vous avez entendu un roulement...

Et vous êtes remontée à l'atelier. Vous vous êtes assise devant la table de travail. Vous avez repris le fil et l'aiguille...

Une de vos camarades s'est mise à chanter.

— Tais-toi donc ! lui avez-vous dit.

— Me taire ? Tiens ! Et pourquoi mademoiselle veut-elle que je me taise ?

— Pour rien. J'ai le cœur gros.

—

C'était le samedi. Vous avez travaillé tard. Quand vous êtes rentrée chez vos parents, l'appartement, éclairé par une mauvaise lampe, paraissait plus triste que le jour.

Votre père, — les reins pliés par la fatigue, la chemise ouverte, les doigts noirs, — fumait sa pipe. Votre mère a posé sur un coin de la table une assiette de faïence ébréchée, et elle est allée tirer, de la *cocotte* de fonte, le reste du repas qu'elle y avait remis au chaud pour vous.

— Je n'ai pas faim, avez-vous dit.

— Des grimaces! a murmuré le père entre deux bouffées.

— Voyons, *force*-toi un peu, a dit doucement la mère.

Alors, vous avez mangé du bout des dents.

Puis, vous êtes allée dans votre petite chambre et vous avez ouvert votre commode. Vous en avez tiré cinq chemises, autant de paires de bas, une douzaine de mouchoirs, trois petits bonnets et un chapeau. Vous avez étalé le tout sur la tablette de noyer. — Ah! j'oubliais les cols! Et vous y avez mis les cols aussi. Vous avez touché le coton des chemises et des mouchoirs; vous avez examiné la broderie des bonnets et des cols; vous avez arrangé le chapeau sur vos cheveux, et vous vous êtes regardée dans la glace, — vous voyez que je sais tout.

Je sais encore que vous avez rejeté votre petit trousseau dans les tiroirs, que vous avez ouvert la fenêtre et que vous vous y êtes accoudée pour prendre le frais.

Le ciel était blanc d'étoiles. Vous avez choisi une de ces étoiles, une bleue, qui avait l'air de bouger, et vous l'avez suivie en pensant à autre chose.

Quand minuit a sonné, vous vous êtes secouée avec un petit frisson, vous avez refermé votre fenêtre, et vous vous êtes déshabillée. Mais, avant de vous mettre au lit, vous avez jeté un dernier regard à la glace, et vous vous êtes dit :

— Madame la comtesse !..... Je suis mieux qu'elle pourtant...

—

L'étoile bleue vous avait menée loin, ma petite fille.

Il est vrai que vous aviez voyagé en équipage et que vous vous étiez reposée dans un boudoir tendu de soie, auprès d'un jeune homme à qui vous tendiez vos doigts, devenus blancs par la toute-puissance du rêve.

Maintenant vous dormez, et le rêve a fait place au cauchemar.

Oh! le triste sommeil! Vos yeux se mouillent et

vos mains se cherchent pour se joindre ; votre bou-
che laisse échapper des mots entrecoupés. Tout à
coup une pourpre envahit les joues, l'œil devient
sec, les lèvres se tendent comme un arc : une mauvaise pensée a succédé à une pensée triste...

Réveillez-vous, mon enfant !

Le soleil colorera bientôt vos vitres. Pendant
qu'elles sont encore sombres, — à l'heure où per-
sonne ne peut voir votre trouble et entendre mes
paroles, — écoutez-moi !

Hier, vous avez vu une femme titrée, riche, élé-
gante, et vous avez envié son titre, sa richesse et
ses parures. Vous avez surtout envié ses mains,
auxquelles l'oisiveté permet d'être blanches et belles.

Vous avez mis son équipage en regard de vos
souliers maculés par la poussière et par la boue,
son luxe en regard de votre pauvreté, et vous vous
êtes dit : — Pourquoi cette inégalité entre nous
deux ?

Vous vous êtes dit encore : — S'il n'y a pas sur
la terre assez d'équipages pour tout le monde, pourquoi ne serait-ce pas moi qui jouirais de celui-ci
au lieu d'elle ? N'en ai-je pas le droit, étant la plus
jeune et la plus jolie ?

Les philosophes, Mademoiselle, ont posé ces questions avant vous, et les législateurs les résoudront peut-être un jour.

Je suis fâché de vous faire la leçon, mais il faut vous en rapporter à eux ; car, si vous vouliez rétablir l'équilibre vous-même, voici ce qui arriverait : — Vous trouveriez peut-être un comte comme celle que vous enviez, mais il ne vous épouserait pas. Il vous donnerait sans doute des toilettes, mais il ne vous donnerait pas la considération. Et, parée, servie, dans un bel appartement, sur les coussins d'une riche voiture, vous seriez infiniment moins heureuse que vous ne l'êtes aujourd'hui, soyez-en bien persuadée.

Je ne suis pas un moraliste, moi, ma petite fille, et je n'aime pas les grands mots. Mais, tenez ! votre patronne ne doit pas avoir que de vraies comtesses pour clientes. Elle doit en habiller aussi de fausses. Prenez un jour l'une d'elles à part, et demandez-lui ce qu'elle désirerait le plus au monde. Si elle est sincère, ce qui est probable, elle vous répondra : — Un mari. Et si elle est en voie de confidence, ce qui est fréquent, elle ajoutera : — Vois-tu, ma petite, on a beau dire, ça ne sert à rien d'être riche si l'on n'est pas respectée !

A votre âge, elle ne songeait qu'au plaisir de posséder une robe de soie : elle a trente robes maintenant, et elle souffre ; car ses amoureux ne lui donnent pas le bras devant le monde, et, s'ils sont avec leur mère quand ils la rencontrent, ils ne lèvent pas leur chapeau.

—

Vous êtes déjà prête à vous écrier: — Pour qu me prenez-vous, Monsieur, de me parler de tout cela?

Je vous prends, Mademoiselle, pour un bon petit enfant, laborieux à l'atelier, docile à la maison, aimant ses parents et remplissant ses devoirs.

Mais je vous prends aussi pour une jolie fille, à qui les belles choses ne sauraient être indifférentes, et qui désire malgré elle les posséder.

Vous n'avez pas tout à fait seize ans; mais, à Paris, on est vite instruite. . . Cependant, soit! puisque cela vous contrarie, je ne vous parlerai plus des inconvénients qu'il y a à se conduire mal. Laissez-moi seulement vous dire un mot des joies qu'on trouve à se conduire bien.

Voyez votre mère. Je ne vous ai pas encore parlé d'elle. Elle se lève aussitôt que le jour parait et elle ne se repose pas un instant dans la journée. Elle pense à tout et à tous, à votre père, dont il faut tenir les vêtements en ordre et les repas prêts, à votre petit frère qui va à l'école, à vous qui allez à l'atelier. Jamais, grâce à elle, rien ne manque ni ne cloche dans le ménage. Et pourtant elle trouve encore le temps de travailler et de remplir peu à peu une tirelire, dont le produit est destiné, à quoi? à vous acheter aux uns ou aux autres quelque chose qui vous fasse plaisir. Nous parlions de robe; il y a peut-être une robe pour vous en ce moment dans la tirelire, petite fille qui pensez aux comtesses! Et cette robe, c'est votre brave femme de mère qui en aura gagné le prix sou par sou, non pas en regardant les étoiles, mais en s'usant les yeux à coudre de la confection.

En voyant le bonheur qu'elle aura à vous l'offrir avec de grands apprêts, vous lui sauterez au cou, et elle vous renverra à votre père, et votre petit frère se mettra de la partie, et vous serez tous heureux, là les uns contre les autres, en famille, à rire et à pleurer....

Voilà les bonnes joies, celles qui remontent le cœur et qui donnent envie de rester honnête.

Un jour, ma petite fille, vous aurez des enfants comme votre mère, et vous vous priverez pour eux comme elle se prive pour vous, et vous vous direz comme elle se dit: — Qu'ils soient heureux, c'est tout ce qu'il faut pour moi, je ne demande rien !

—

Mais nous parlons là des choses lointaines.

Mère, — tu le seras plus tard. Tu seras fiancée auparavant.

Un jour, ton père t'amènera un jeune homme, un

bon ouvrier comme lui, qui, te trouvant jolie et te sachant une honnête fille, te demandera si tu veux être une honnête femme... Toi, tu rougiras et tu laisseras tomber ta petite main dans la sienne.

Puis, tu te sauveras dans ta chambre, émue et toute troublée.

Oh ! la nuit qui suivra, ma chère petite fille, je te permets de regarder les étoiles et d'écouter le chant du rossignol. Les rêves pourront venir alors; ce seront de beaux rêves de bonheur domestique, de famille, de joies intimes et pures. Que si ton cœur se gonfle, que si ta poitrine bat, que si ton œil se remplit de larmes,—abandonne-toi, mon enfant, à la nature qui te parle d'amour et murmure le nom de ton fiancé, qui n'est pas un comte, mais qui est fier de te donner son nom et de t'offrir son bras.

Appuyés l'un sur l'autre, vous irez droit à travers la vie, et vous ferez souche d'honnêtes enfants.

Voilà mes conseils, ma petite apprentie. Je crois que je me suis laissé aller à te tutoyer à la fin. Je vous en demande pardon, Mademoiselle. L'année prochaine vous serez ouvrière, et cela ne m'arrivera plus.

Tony Révillon.

V

Vous connaissez le causeur intime et familier, le défenseur des classes ouvrières, des femmes, des enfants, des faibles, de tous ceux qui souffrent ; vous allez voir le citoyen parlant aux hommes, le républicain racontant, à vingt ans de distance, un souvenir de jeunesse, une épisode de la Révolution de 1848, à Lyon.

LYON EN 1848.

LA DILIGENCE.

Était-ce le dernier soir d'avril, ou le premier soir de mai?...

Sept heures venaient de sonner. Des lumières dans le lointain piquaient les rues noires. Mais, sur la place des Terreaux, on y voyait clair encore, et, dans le fourmillement de la foule, on distinguait parfaitement les uniformes des gardes nationaux mêlés aux vestes et aux blouses des citoyens.

Au coin de la place et de l'escalier qui conduit à la Grande-Côte, la diligence allait partir.

La dernière courroie de la bâche était bouclée, la petite échelle aux bagages repliée; à l'arrière, le conducteur avait fermé la portière ; les chevaux, à l'avant, battaient le pavé du pied et secouaient la tête...

Un drapeau flottait sur l'impériale.

— Pourquoi ce drapeau? demandai-je.

Un vieil ouvrier, tout pâle, l'œil brillant, répondit en me montrant la voiture :

— Parce que les Représentants du peuple sont là!...

Le conducteur s'avança et regarda en l'air :

— Il manque encore quelqu'un.

Un homme sortit d'un groupe, échangea rapidement quelques poignées de main, et se mit à escalader les marches de l'impériale. Quand il fut en haut, il se retourna, et je vis une bonne figure honnête sous un chapeau rond.

— Qui est-ce? demandai-je encore.

Le vieil ouvrier me répondit ·

— C'est Greppo.

—

Greppo !

Il y a des noms qui ont le privilége d'évoque toute une époque.

Je vivrais cent ans que je n'oublierai jamais mon impression de ce soir-là... la grande place couverte de têtes, le palais Saint-Pierre, l'Hôtel de Ville d'Henri IV, et, au pied des côtes ouvrières, ce canut qui prenait congé de ses commettants...

A de certaines heures, l'enthousiasme souffle comme le vent. Il passe, et l'on est touché. On reste là, immobile, les pieds attachés au sol, la poitrine gonflée et le corps secoué par un frisson. Puis la gorge se serre, les larmes sautent des yeux, et l'on crie... Tantôt, c'est un nom de femme qui part ainsi des lèvres; tantôt, c'est un mot comme patrie ou liberté. Mais, que ce soit pour la liberté ou pour une femme, on est prêt à donner sa vie, on est heureux, on se sent fort et bon.

1848 était plein de ces heures-là.

Je n'avais pas tout à fait seize ans alors, et il y a bien longtemps que j'ai quitté Lyon...

Pourtant je me souviens, et je revois.]

—

Un jour pâle se glisse entre les pâtés de maisons étagées le long des côtes. Derrière les fenêtres du rez-de-chaussée et du premier étage, on aperçoit la clarté douteuse des lampes. Plus haut, l'aube teint les vitres en bleu.

Le bruit des métiers commence, pareil au clapotage de l'eau. Il se mêle aux bruits de la rue avec lesquels il semble se confondre. Mais, peu à peu, il s'élève et il l'emporte...

Prêtez l'oreille !

Les roues des vapeurs battent le Rhône et la Saône ; les omnibus et les camions roulent sur les pavés ; la vapeur s'échappe en sifflant des cheminées des usines.

Mais toutes ces rumeurs ont leurs intervalles ; le métier, lui, retentit toujours.

Quatre-vingt mille pieds se posent et se reposent sans cesse sur les pédales ; cent-soixante mille tringles se lèvent et s'abaissent sans relâche.

Du nord au sud et de l'est à l'ouest, de la Croix

Rousse à Perrache et des Brotteaux à Saint-Just, les canuts sont à l'œuvre, et la grande voix monotone des métiers atteste leur travail.

Le soir est venu. Le labeur de la journée a engourdi les jambes et cassé les reins. L'ouvrier ne sent plus ses bras; son cerveau seul est libre, reposé, capable de goûter un plaisir. Vite un livre, un spectacle, une discussion intelligente, un nouveau travail, mais d'une autre espèce que celui du métier! — Demain, nous reprendrons notre besogne; mais, dans la soirée de la veille, nous aurons trouvé matière à réflexions, et nous pourrons nous distraire avec nos souvenirs. Le volume que nous avons lu, la pièce que nous avons entendue, nous ont ouvert des horizons nouveaux. Que notre imagination libre s'y engage et nous fasse, à nous pauvres diables, goûter les plaisirs des riches!...

Les canuts sont, avec les typographes, les plus lettrés des ouvriers.

Vienne le dimanche, ils s'en iront par bandes dans la campagne. L'un portera le panier aux provisions comme Esope, et, comme Esope, il égayera la promenade par ses saillies. L'autre aura dans sa poche un volume, l'autre un journal qui lui parlera de ses devoirs et de ses droits...

Les villageois des bords du Rhône et de la Saône, les paysans de la vallée de l'Azergue et des plaines du Dauphiné, regardent d'un œil un peu surpris ces demi-messieurs en redingotes et en chapeaux de feutre, qui viennent s'attabler dans les cabarets à la porte des villages, ou sur l'herbe au bord des chemins. Ils les trouvent bien habillés, glorieux, magnifiques. . . .

— La fabrique, se disent-ils, est un bon état !

Les plus jeunes alors de déserter leurs champs et d'aller à Lyon. L'apprentissage est dur, mais qu'importe ! — Quand nous serons compagnons, nous gagnerons de grosses journées. . . Qui sait? Dans un peu de temps, nous aurons peut-être un métier à nous ; nous serons chefs d'atelier, patrons ! . .

Et ils marchent dans un rêve que facilite l'exiguïté des repas. . .

Mais les lois de la production et de la consommation sont inflexibles.

Une crise commerciale surgit. C'est au lendemain d'une révolution ou d'une guerre. Les fabricants, qui ne vendent plus d'étoffes, n'en font plus fabriquer.

La misère, l'effroyable misère des grandes villes, s'abat sur les canuts.

Là-bas, dans leurs villages, chaque pauvre se

nomme ; on le connaît ; on lui vient en aide ; on lui trouve un gagne-pain, si le gagne-pain ordinaire vient à lui faire défaut.

Mais ici, l'individu se confond et se perd dans la masse. Quel travail improviser, quand il s'agit d'occuper des milliers et des milliers de bras ? Quel moyen efficace mettre en œuvre pour remplacer un salaire énorme et régulier ? . .

En pareil cas, récriminer est puéril, accuser est injuste ; il faut trouver et organiser. . .

. . . .

C'est ce qu'allaient tenter ceux qui partaient ce soir.

Aussi, quand le cocher eut enveloppé ses chevaux d'un premier coup de fouet, un grand frémissement courut-il parmi la foule. . . .

Ce ne fut plus qu'un cri : « Vive la République ! »

Et la diligence disparut dans les dernières clartés du jour. . .

TONY RÉVILLON.

Je ne résiste pas au plaisir de citer encore deux petits portraits à la plume, que je dé-

3

tache d'une série d'articles sur le Corps lé-
gislatif.

M. ERNEST PICARD.

Le même air peut être gai ou triste, disait un
critique; il suffit pour cela d'accélérer ou de ralen-
tir la mesure. Prenez, si vous voulez, le fameux
air : *J'ai perdu mon Eurydice.* Chanté lentement,
c'est le cri du désespoir le plus affreux; chanté vite,
il donne envie de danser.

La spécialité de M. Picard consiste à chanter gaie-
ment : *J'ai perdu mon Eurydice.*

Cet emploi de trial est plein de charme. Les té-
nors sérieux ne vous jalousent pas, la parterre vous
applaudit, et vos amis vous répètent que vous avez
décidé du succès.

M. Picard a le physique de son emploi : il n'est
pas grand, mais il n'est pas petit non plus ; il est
large. On aime sa bonne figure souriante qu'adou-
cissent encore des favoris châtains et des cheveux
blonds. M. Picard sourit toujours. Son éloquence
est faite surtout de bonne humeur et de bon sens. A
l'entendre, on devinerait, si on ne le savait pas,

qu'il est de Paris : l'arme des Parisiens, n'est-elle pas l'ironie?

Non que le député de la 4e circonscription ne sache au besoin se montrer grave, énergique, et même surprendre l'assemblée par un mot hardi. Mais, en général, il préfère attaquer en riant.

Son esprit est devenu proverbial dans le monde qui s'occupe de politique. Je le voudrais quelquefois plus attique. *On rit*, dit le *Moniteur*, et souvent il n'y a pas de quoi. Il est vrai que le sténographe a constaté une impression de séance, et que le geste, le mouvement des lèvres, l'expression du regard, commentent chez l'orateur un mot qui, à la lecture, paraît froid.

Exemple : Il s'agissait d'un garde champêtre trop zélé qui avait arraché l'affiche d'un candidat. « Je m'étonne, dit M. Picard, qu'il n'ait pas aussi arraché le mur. »

Les députés riaient, riaient...

Ce en quoi excelle M. Picard, c'est à choisir ses sujets, et, le sujet choisi, à trouver le joint, comme on dit. S'il frappe fort, ce n'est pas, comme la tortue d'Eschyle, parce qu'il tombe de haut, mais bien parce qu'il tombe juste sur le point qu'il veut entamer.

En somme, vrai Français de l'Ile de France, avec plus de netteté que d'élévation, plus de trait que de finesse, plus de sens commun que de sentiment, la voix claire, sinon sonore, le geste sobre et juste, le visage mobile, les convictions bien définies, tel nous apparaît l'orateur.

L'homme est aussi honorable que le député est sympathique.

Étudiant en droit, après d'excellentes études, M. Picard a suivi, étape par étape, la route dans laquelle il s'était engagé, sans une minute d'hésitation au début.

Tour à tour licencié en droit, troisième clerc d'avoué, second clerc d'avoué, docteur en droit, secrétaire d'un avocat en renom, avocat, actionnaire du *Siècle*, et député, il a été un étudiant modèle, un clerc modèle, un secrétaire modèle, un très-bon avocat, un actionnaire très-actif, et il est le député que vous savez.

Jeune homme, il se préparait dans toutes les *parlottes* au rôle d'orateur qu'il voulait jouer un jour.

Un succès à la conférence-Molé valait pour lui toutes les fêtes.

Liouville, qui était son ami plus encore que son maître, manifesta en mourant le désir de lui voir épouser sa fille, et ce vœu s'est accompli.

Riche du chef de son père, un ancien agent de change du parquet de Paris, riche du chef de sa femme, M. Picard, en joignant à ces deux fortunes ses gains du palais, jouit d'environ soixante mille francs de revenu. Mais il en jouit sans faste.

On a remarqué que la plupart des grands orateurs, au sortir des affaires et de la politique, s'étaient plu à dépenser leur imagination en mille caprices. A ces organisations fiévreuses, il fallait les plaisirs faciles ou les distractions souveraines de la passion. Mirabeau, Danton, Vergniaud aimaient la table, l'éclat des lumières, les cercles élégants, les épaules nues.... Benjamin Constant était joueur. Lamartine laissait glisser l'or entre ses doigts, comme un enfant laisse glisser une poignée de sable. On a vu Berryer entrer dans une serre et se faire couper les fleurs les plus rares. Il avait sué sang et eau tout le jour au palais; il allait dîner en ville et il portait un bouquet de cent écus à la maîtresse de maison...

M. Ernest Picard se contente de fleurs de son jardin. Il n'a ni vices ni besoins. Il travaille toute l'année : c'est là sa passion. En automne, il tue des grives dans sa jolie terre des Ambésis : c'est là son plaisir.

Une fois, il a dû aller aux Tuileries, et, comme il n'avait pas d'uniforme, il a emprunté celui de M. Javal. (*On a ri.*)

C'est la seule anecdote que je sache sur son compte.

Mais M. Ernest Picard est mieux qu'un héros d'anecdotes : c'est un homme heureux.

Il m'a inspiré cette définition :

Le bonheur consiste dans le rapport exact de l'homme avec sa destinée.

———

M. EUGÈNE PELLETAN.

M. Pelletan n'est, à proprement parler, ni un philosophe, ni un historien, ni un romancier, ni un journaliste, ni un homme d'État. Mais il est un peu tout cela. Je le définirais volontiers : un virtuose littéraire qui brode des variations sur tous les thèmes de son temps.

Le talent de l'artiste se manifeste avec plus ou moins d'éclat dans l'une ou dans l'autre de ces variations ; ce qu'on ne saurait lui refuser, c'est ce que Diderot appelait « les entrailles », ce que nous appelons plus volontiers « le sentiment. »

En 1839, un jeune homme, un étudiant de Poitiers,

débutait à *la Presse* par quelques articles remarqués. Ce jeune homme était un protestant de l'Ouest, mélancolique et enthousiaste, sombre et passionné. Le bruit des luttes politiques et littéraires était arrivé jusqu'à lui, et il avait abandonné en toute hâte les prairies de la Charente pour les pavés de Paris. « Babylone m'appelle ! » avait-il dit à son père. Le père, qui était notaire, avait ouvert de grands yeux.

La Presse n'est qu'une des étapes de la vie littéraire de M. Pelletan.

« J'ai souvent passé d'un journal à un autre, écrit-il lui-même, mais allant toujours à celui qui laisse ou prend la plus grande somme de liberté. »

Bientôt les livres succèdent aux articles et les œuvres de longue haleine aux recueils de fragments.

La Profession de foi du XIXe *siècle* développe l'idée de progrès : la Révolution est un dogme et M. Eugène Pelletan est un de ses apôtres.

Les Rois philosophes, l'*Histoire du Brahmanisme*, *la décadence de la Monarchie française*, *la Nouvelle Babylone*, dix volumes popularisent tour à tour le nom de l'écrivain.

Il y a deux ans, paraissait *la Mère*, première partie d'une trilogie intitulée : *la Famille*.

On ne saurait dire trop de bien de pareils livres. L'idée en est saine, honnête, excellente.

Pourquoi, hélas ! la forme ne répond-elle pas à l'idée ?

Prose poétique, que nous veux-tu encore ?

Passe pour Lamartine et Victor Hugo, qui font des vers ; pour Georges Sand, qui fait des romans ; pour Lamennais, qui était un prophète ; mais que MM. Renan et Pelletan, qui sont des philosophes, préfèrent à la langue vive, nette, précise du dix-huitième siècle, une phraséologie prétentieuse et puérile, quand elle n'est pas obscure ou vide, cela me dépasse ! Dans ce livre de *la Mère*, une jeune femme seule, le soir, pense et se dit qu'elle est mal mariée. Vite, *le vent souffle avec force, la feuille sèche roule à terre et la chouette jette un cri aigre à la rafale.* Une autre jeune femme s'attriste de ne *pouvoir promener une fleur vivante au soleil.* Dans la pensée de l'auteur, cela signifie qu'elle n'a pas d'enfants ; mais pourquoi ne pas le dire, bon Dieu, et les *fleurs vivantes* vous tiennent-elles donc tant au cœur que vous ne puissiez les garder pour la vie privée ? . . .

Ce qu'il y a de plus singulier dans le cas de M. Pelletan, c'est qu'il n'est pas du tout l'homme de sa prose. Ecoutez-le dans la rue, au café, avec ses amis. Il est plein de verve ; il emploie le mot propre, il jurerait au besoin. Voyez comme, à la Chambre, sa physionomie tranche sur celles des propriétaires et des avocats qui l'entourent ! Sur le front, une pointe de cheveux rares, des yeux caves sous des sourcils énormes, la barbe longue, la taille un peu voûtée

les bras croisés laissant voir des mains épaisses avec
des bouquets de poils aux phalanges. Il se tient là
comme un homme de 93, entre M. Thiers et M. Ha-
vin, qu'il a malmenés autrefois. Il est impatient ; il
interrompt. Dans les couloirs, il saisira quelque col-
lègue par le bouton de son habit pour lui faire part
d'une observation ; il gesticulera avec vivacité. . .

Qu'il monte à la tribune, l'apprêt succédera au naturel, les métaphores reparaîtront et les *fleurs vivantes* auront pour pendant, comme l'autre jour, *les
colonnes antiques dorées par le soleil couchant.* C
sont les légitimistes que M. Eugène Pelletan appelle
ainsi.

Tony Révillon.

VI

Tony Révillon est républicain , comme je l'ai dit : c'est un révolutionnaire de la bonne espèce, celle qui comprend les chercheurs de mieux, — tous ces esprits inquiets qui rêvent pour la société des perfections ou des progrès nouveaux.

Plein de verve, d'entrain, d'esprit, quélquefois un peu paradoxal, mais toujours de bonne foi et Gaulois quand même, — il a des convictions bien arrêtées ; mais il adore les hommes de bonne volonté, surtout ceux qui sont eux-mêmes. Il a horreur des esprits

à la suite, des *Modistes* et des *Pasticheurs*.
Aussi le naturel est-il la marque de fabrique
de son talent.

Il peut répéter avec l'auteur de *Charlotte
Corday* :

« Il faut chercher la simplicité. On risque,
il est vrai, de manquer l'effet ; ce qui est
naturel ne frappe pas l'esprit ; il semble que
chacun en aurait fait autant, tandis qu'un
trait brillant et faux surprend le public ; c'est
un signal des applaudissements, et le spec-
tateur ébloui se dit en lui-même qu'il n'aurait pas eu tant d'imagination, et qu'il faut
du génie pour trouver des choses si singu-
lières. . . Mais qu'importe ? . . . »

C'est précisément cette simplicité et ce
naturel qui ont fait le succès du chroniqueur
de la *Petite Presse*, donnant ainsi un démenti
à la théorie des *Périodistes* et des savants
en *us*.

Révillon est, avant tout, poëte et observateur.

On peut s'en convaincre facilement en lisant la *Belle Jeunesse de François-la-Palud* et le *Bon Monsieur Jouvencel*, deux nouvelles qui ont leur place à côté des meilleures de Frédéric Soulié et de Charles de Bernard; le *Faubourg Saint-Germain*, une série d'articles et d'études pleine de détails curieux, pittoresques et intéressants ; les *Bacheliers*, recueil de nouvelles de la première heure ; et surtout ce roman d'aventures, qui paraît en même temps que cette biographie, chez M. Lachaud, éditeur ; je veux parler des *Aventures d'un suicidé*, un livre aussi remarquable par le dramatique des situations, que par l'observation profonde du cœur humain et un talent incontestable d'analyste.

VII

La vie de Tony Révillon est des plus simples ; elle se partage entre le travail et l'intimité des siens.

Capable de faire cent lieues pour porter une fleur à une femme, il connaît toutes les délicatesses du cœur.

Son seul luxe est un vaste et beau jardin, dans les allées duquel il fait de longues promenades avec ceux qu'il aime, des amis de dix ou quinze ans.

4

Pour lui, comme pour Silvio Pellico, l'amitié est un lien fraternel...

Il a le culte du soleil : il est convaincu que la pluie et le froid engourdissent également l'esprit et le corps.

— Avec le beau temps, tout craque ! — s'écrie-t-il.

Je cite encore son biographe :

« Si vous allez le visiter, — avant d'entrer au jardin, vous entendrez une voix bien timbrée et de bonne humeur criant :

« — *Tom ! Grisette !* arrivez ici !

« Et au même instant vous verrez deux chiens happer sa redingote. *Tom* est un épagneul, si bon qu'il en paraît bête, ce qui n'est pas vrai, et *Grisette* est une chienne terrier bull, on ne peut plus spirituelle malgré son air rébarbatif.

« *Bonze* et *Bibi* sont aussi des chats très-remarquables, qui aiment leur maître comme ils en sont aimés. Il n'est pas jusqu'aux canards du bassin qui ne poussent des couacs joyeux quand leur maître leur jette quelques miettes de pain ou quelques brins de gazon.

« Chez Tony Révillon tout respire la joie et le bonheur, tout le monde est heureux...

« C'est, du reste, l'homme le plus serviable qu'on puisse rencontrer. A toute heure, il est à la disposition de ses amis, et même des gens qu'il ne connaît pas, et qui s'adressent à son bon cœur.

« Aussi, dans l'œuvre déjà considérable de l'auteur du *Faubourg Saint-Antoine,* on chercherait en vain l'ombre d'une critique

malveillante ou d'une de ces polémiques
injurieuses comme elles étaient si communes
il y a quatre ans, et qui, hélas ! se produisent
encore de temps à autre.

« Cependant, comme la vie littéraire ne
s'écoule pas toujours comme un calme ruis-
seau, et comme les plaisanteries les plus
innocentes peuvent être quelquefois mal in-
terprétées, Tony Révillon eut un duel.

« Dans une physiologie de la Bourse, parlant d'un agent de change, Tony Révillon écrivit que ce monsieur était.... GARDE NATIONAL.
Grande colère de l'agent de change. Il
voulait des excuses. — Des excuses? jamais
de la vie !

« Tony Révillon reçut un coup d'épée
dans le bras.....»

VIII

« Il est des écrivains qui, par leur style, trompent les lecteurs sur leur physionomie. On se représente souvent un auteur aimé comme un type d'élégance et d'urbanité ; on voit l'homme, on lui trouve l'air vulgaire ; on serait presque tenté de croire qu'il n'est pas l'auteur de ses livres, si on n'était forcé de se rendre à l'évidence.

« Il n'en est pas de même de Tony Révillon.

« Ceux qui verront son véritable portrait d'après une photographie de cet artiste à tous crins, — Etienne Carjat, — se diront :

— C'est bien là l'homme que nous nous étions imaginé. Ce front large et rêveur est bien d'accord avec la teinte de poésie qui perce dans ses chroniques ; ces tempes qui commencent à se dégarnir indiquent les sérieuses méditations de l'homme convaincu ; ces yeux, doux et malins à la fois, dénotent la finesse de l'esprit ; cette face large et souriante respire la bienveillance et l'aménité naturelle ; ce cou puissant dénote la force et la vigueur du tempérament ; l'ensemble enfin annonce l'homme accessible à tous les sentiments humains, bien doué et fait pour parler aux autres.

« Et ce portrait n'est pas faux, comme on peut s'en convaincre. »

IX

La facilité d'élocution de Tony Révillon est des plus grandes.

La preuve en est la conférence qu'il a faite sur le général Hoche, il y a trois ans, à la salle Valentino, et qui produisit une grande sensation sur son auditoire. Depuis, il a parlé dans les réunions publiques avec un égal succès. Sa parole, concise et lucide, s'élève jusqu'à l'éloquence lorsque la contradiction l'excite, et, les circonstances le favorisant, ce n'est pas trop présumer que de voir en lui une des futures puissances de la tribune. Il parle, non pas comme un avocat ou un rhéteur, mais avec l'entraînement d'un homme convaincu.

Il n'écrit jamais ses chroniques; il les dicte, en marchant et en fumant, à un secrétaire, qui est en même temps son ami, écrivain lui-même...

Un jour pourtant, il profita d'une absence de ce dernier, et il écrivit un discours à sa plume. J'en extrais les lignes suivantes :

« C'est toi que nous aimons, plume de fer ou d'acier, en dépit de ton nom ridicule, — car tu ne devrais pas t'appeler plume. Mais qu'importe! Tu écris, tu écris vite, sans te faire prier, sans broncher; et, pourvu qu'on te donne de l'encre, tu ne t'arrêtes pas...

« Les écrivains ne doivent jamais sacrifier la pensée à la forme, ni te faire écrire des mots pour des mots. Le beau style est charmant, mais à la condition de ne jamais déguiser la pauvreté ou l'absence de l'idée...

Des chefs-d'œuvre ! Eh ! mon Dieu ! Les plumes d'oie écrivaient autant de sottises que toi, ma mie ! Quant aux chefs-d'œuvre, on en fait encore, de loin en loin. Nous autres qui improvisons au jour le jour, nous avons un exemple qui nous console.

Au dix-huitième siècle, vivait un brave abbé, — l'abbé Prévôt.

C'était un véritable homme de lettres. Il travaillait pour vivre et produisait cinq ou six volumes par an. Quelques érudits seulement savent aujourd'hui les titres de ces volumes, mais tout le monde connaît *Manon Lescaut*. Eh bien ! c'est là notre chance. Nous vivons dans un temps de conception fiévreuse et de production rapide. Les romanciers et les journalistes dont les écrits pourraient couvrir la place de la Concorde ne se comptent pas. Mais qui sait ? Dans ce déluge de papier noirci, quelques feuillets surnageront peut-être et feront dire aux siècles à venir que les chefs-d'œuvre ne sont pas le monopole des plumes d'oie...

« Il y a un dicton : *Perdre ses plumes*. Il s'agit des actionnaires, et c'est sur ce point surtout que l'avis est salutaire. Quelques journaux, propriétés de banquiers, recommandent, sans hésiter, à leurs lecteurs les affaires les plus creuses et souvent les plus véreuses. Ici, il ne faudrait ni plume d'oie ni plume de fer, ni même le stylet des anciens, qui traçait lourdement son sillon dans la cire. C'est un bâton qu'il faudrait, pour en corriger les drôles qui spéculent sur la crédulité publique...

« Tu te refuseras toujours à ces offices, n'est-ce
pas, honnête plume de mon ami. Mais, en revanche
comme tu courras, quand il s'agira d'écrire les mé-
rites d'un brave homme ou les avantages d'une
bonne chose !...

« Et, de la sorte, si tu ne produis pas les livres
rares prônés par les critiques, du moins tu auras pris
ta petite part dans l'œuvre commune du progrès... »

Je tenais à citer ces lignes en terminant,
parce que mon ami Alphonse Hermant me
paraît avoir oublié ce côté saillant du talent
de Révillon, — l'honnêteté, la franchise et le
sentiment de la justice poussés jusqu'au fa-
natisme.

Il ne faut pas chercher ailleurs la cause
de son influence sur un public qui lui rend
en estime ce qu'il lui donne en dévouement.

X

Au moment de signer cette notice, je me trouve beaucoup moins embarrassé qu'on pourrait le croire.

Quand on me l'a demandée, j'ai d'abord hésité ; puis, j'ai pris bravement mon parti.

Précisément parce que j'avais eu la bonne fortune d'être associé, depuis bientôt trois ans, à l'œuvre quotidienne de la *Petite Presse,*— j'ai cru que, plus qu'à tout autre, il m'était interdit de laisser échapper l'occasion de caractériser cette œuvre, et de dire

d'un ami tout le bien que j'en pense, comme
s'il s'était agi de quelqu'un qui me fût com-
plétement étranger.

V.-F. MAISONNEUFVE.

COMPOSITION DE LA BOITE DE SECOURS

1. *Éther   sulfurique,*   1 flacon de 40 gr.
2. *Teinture d'Arnica,*   —   —
3. *Ammoniaque* (alcali),   —   —
4. *Acide phénique,*   —   —
5. *Extrait de saturne,*   —   —
6. *Perchlorure de fer,* un flacon de 45 gr.
7. *Collyre Saint-Clair,* une boîte
8. *Emétique,* six doses préparées.
9. *Alun,* une boîte de 30 grammes.
10. *Biscuits vermifuges Chopart.*
11. *Papier chimique,* une boîte rouleau.
12. *Taffetas collodion à l'arnica.*
13. *Papier sinapisme Rigolot.*
14. *Amadou préparé.*
15. *Boîte de charpie.*
16. *Guide pratique* de l'emploi des substances.
17. *Thé purgatif Chopart* (article non figuré à cause de son volume).

CHAQUE NUMÉRO CONTIENT :

Chronique de la Semaine. — **Bulletin médical** par le Docteur Henri **COTIN.** — **Revue pratique d'économie domestique et rurale.** — **Connaissances usuelles.** — **Faits scientifiques.** — **Nouvelles et Mélanges.**

Ceux des souscripteurs qui désireront recevoir *franco* la **Boîte de secours,** pharmacie portative, auront à ajouter 8 francs au prix de l'abonnement.

C'est donc **16** francs qu'ils auront à envoyer à M. E. LACHAUD, administrateur du *Courrier des Familles,* 4, place du Théâtre-Français, elle re présente, au prix de pharmacie, plus de trois fois la valeur de l'abonnement.

LES 61 VICTIMES DE LA GLACIÈRE

LA RATAPIOLE

PAR ERNEST DAUDET

Un beau volume in-18 jésus, avec portrait.
Prix : 3 francs.

JOURDAN COUPE-TÊTE

PAR ERNEST DAUDET

Deuxième partie des soixante et une victimes de la Glacière

Un beau volume in-18 jésus. — Prix : 3 francs

L'EXPIATION

3e partie des soixante et une victimes de la Glacière

Un beau volume in-18 jésus. — Prix : 3 francs

RÉCITS ET NOUVELLES

PAR PAUL BRANDAT

Un volume in-18 jésus. — Prix : 1 franc

LES ORPHELINS

DE

LA SAINT-BARTHÉLEMY

PAR PONSON DU TERRAIL

Un fort volume grand in-18 jésus. — Prix : 3 francs

AMAURY LE VENGEUR

Suite des Orphelins de la Saint-Barthélemy

PAR PONSON DU TERRAIL

Prix : 3 francs.

LA

DIRECTRICE DES POSTES

PAR ÉLIE BERTHET

Un fort volume grand in-18 jésus. — Prix : 3 francs

CONFIDENCES DE LA POUPÉE

PAR TIMOTHÉE TRIMM

Prix : 1 fr. 25

BIBLIOTHÈQUE

DE

LA SCIENCE PITTORESQUE

Collection à 1 fr. 25 le volume franco

MA MAISON, HISTOIRE FAMILIÈRE DE MON CORPS, par **W. Hugues,** ouvrage illustré de 48 gravures.

HISTOIRE D'UN MORCEAU DE VERRE, par **Jules Magny,** ouvrage illustré de 53 gravures.

HISTOIRE D'UN MORCEAU DE CHARBON, par **Edgard Hément,** ouvrage illustré de 52 gravures.

HISTOIRE D'UN GRAIN DE SEL, par **H. Villain,** ouvrage illustré de 25 gravures.

LES MONSTRES INVISIBLES, par **Aristide Roger,** ouvrage illustré de 156 gravures.

VOYAGES SOUS LES EAUX, AVENTURES EXTRAORDINAIRES DE TRINITUS, par **Aristide Roger,** ouvrage illustré de 22 gravures.

HISTOIRE D'UNE FEUILLE DE PAPIER, par **J. Pizzetta,** ouvrage illustré de 36 gravures.

LES SECRETS DE LA PLAGE, par **J. Pizzetta,** ouvrage illustré de 82 gravures.

Prix du volume franco : **1 fr. 25 c.**

EN MER

SOUVENIRS ET FANTAISIES

PAR PAUL BRANDAT

Un volume in-18 jésus. — Prix : 1 franc

LES

JOLIES ACTRICES DE PARIS

PAR P. MAHALIN

Un beau volume in-18 jésus, avec portraits
Prix : 3 francs

AU BAL MASQUÉ

PAR P. MAHALIN

Un beau volume in-18. — Prix : 3 francs

LES REINES DE LA NUIT

PAR AUGUSTE LACROIX

Un beau volume in-18. — Prix : 1 fr. 50

LES
HOMMES À BONNES FORTUNES

PAR LE VICOMTE DE POLI

Un beau volume in-18. — Prix : 3 francs

JEAN DE L'AIGUILLE

PAR JULES AMIGUES

Un fort volume in-18. — Prix : 3 fr. 50

CHOIX
DE
MOTS CÉLÈBRES DE L'HISTOIRE

accompagnés de notes historiques et chronologiques, de notices anecdotiques, biographiques et bibliographiques et d'appréciations critiques

PAR FRANCISQUE DUCROS

Un fort volume in-18 jésus. — Prix : 3 francs

HISTOIRE POPULAIRE

DE

L'EMPEREUR NAPOLÉON Iᵉʳ

RACONTÉE PAR MATHURIN BLANCHET

ancien volontaire de 1814

MISE EN ORDRE ET PUBLIÉE PAR A. LABUTTE

Un beau volume in-18. — Prix : **2** *francs.*

Un critique a dit de *l'Histoire populaire de Napoléon Iᵉʳ :* « — Le livre de Mathurin Blanchet
« se recommande par des qualités exceptionnelles,
« de fond et de forme ; et certes, il n'y a pas be-
« soin de nos éloges pour attirer l'attention. Mais
« disons cependant que nous ne connaissons pas
« de résumés historiques plus intéressants, plus
« exacts, traités d'une façon plus originale et plus
« impartiale à la fois. — C'est en même temps un
« excellent guide que l'on peut avoir sans cesse
« sous la main si l'on a besoin de s'aventurer
« dans les innombrables détails de la grande
« *Histoire de Napoléon Iᵉʳ.* »

LE PRINCE EUGÈNE

PAR EUGÈNE FOURMESTRAUX

Deuxième édition. Un volume in-18 jésus. Prix : 2 francs.

LA REINE HORTENSE

PAR EUGÈNE FOURMESTRAUX

Nouvelle édition. Un volume in-18 jésus. — Prix : 2 francs

LES DRAMES DE LA NUIT

PAR LEGAY

Un volume in-18. — Prix : 1 fr. 50

LA

QUESTION ALGÉRIENNE

PAR E. LUNEL

Brochure in-4º. — Prix : 3 francs

LES NOUVEAUX JACOBINS

PAR EUGÈNE LOUDUN

Un beau volume in-18. — Prix : 2 fr. 50

I. Les Girondins. — II. Les Jacobins. — III. Le Panthéisme. — IV. La Science. — V. Le Doute. — VI. La Nouvelle morale. — VII. La Littérature. — VIII. L'Art. — IX. Les Hommes : Fourrier, Saint-Simon, Proudhon, Alph. de Lamartine, Alfred de Musset, Victor Hugo, Renan, Sainte-Beuve, etc.

LE MANUEL DES COURSES

DICTIONNAIRE DU TURF

PAR LE VICOMTE H. DE MIRABAL

Un volume in-12. — Prix : 2 francs

L'ART DE SE FAIRE UN CAPITAL

PAR DU BOR RIGAUD

Un volume in-18. — Prix : 60 centimes

DICTIONNAIRES FRANÇAIS

DE M. P. POITEVIN

ancien professeur au Collége Rollin, auteur du Cours
théorique et pratique de langue française

I. DICTIONNAIRE UNIVERSEL DE LA LANGUE FRANÇAISE

Rédigé d'après les travaux des membres des
cinq numéros de l'Institut

2 volumes grand in-4°. — Prix : 40 francs
Divisé en 40 fascicules à 1 franc

Étymologie, prononciation, sens propre, accep-
tions figurées, difficultés grammaticales appli-
quées et résolues; archaïsmes, néologismes,
technologie ; sciences, arts, industrie, toute la
langue enfin établie sur les textes des plus grands
écrivains anciens et modernes.

II. DICTIONNAIRE DE LA LANGUE FRANÇAISE

**Glossaire raisonné
de la langue écrite et parlée**

Un volume grand in-8° de 1,100 pages. — Prix : 9 francs

Définitions précises de tous les sens des mots ;
synonymies ; syntaxe, construction, gallicismes
expliqués : langue vulgaire, langue oratoire, langue poétique ; tableau de la succession académi-
que ; histoire synoptique des quarante fauteuils ;
résumé complet des formes de style et de l'esprit
des écrivains, depuis le XVIe siècle jusqu'à nos
jours.

III. DICTIONNAIRE MANUEL DE LA LANGUE FRANÇAISE

Suivi d'un sommaire des principales difficultés grammaticales et d'un Dictionnaire de Mythologie, d'Histoire et de Géographie

Un volume in-18 raisin de 900 pages. — Prix broché **2** fr., relié toile **2** fr. **50** c.

Nomenclature complète de tous les mots de la langue écrite et de la langue parlée ; définition de tous les sens des mots ; sommaire des principales difficultés grammaticales ; dictionnaire de mythologie, d'histoire et de géographie.

Ces trois ouvrages, imprimés en caractères neufs et tirés sur très-beau papier, sortent des presses de MM. Firmin Didot frères et fils, Imprimeurs-Libraires de l'Institut.

LA

POLITIQUE D'UN HONNÊTE HOMME

PAR JULES AMIGUES

Un volume in-18. — Prix : 2 francs

Paris, impr. Paul Dupont, rue J.-J. Rousseau, 41. 2296-6-9

SOUS PRESSE

Les Crimes inconnus d'Elie Berthet.   3 fr.

Les Drames à toute vapeur 3

Le Clergé et la Démocratie, par
   E. Sauvage . . . .

Les Aventures d'un suicidé . . . .

Paris—Imp. PAUL DUPONT, 41, rue Jean-Jacques-Rousseau.

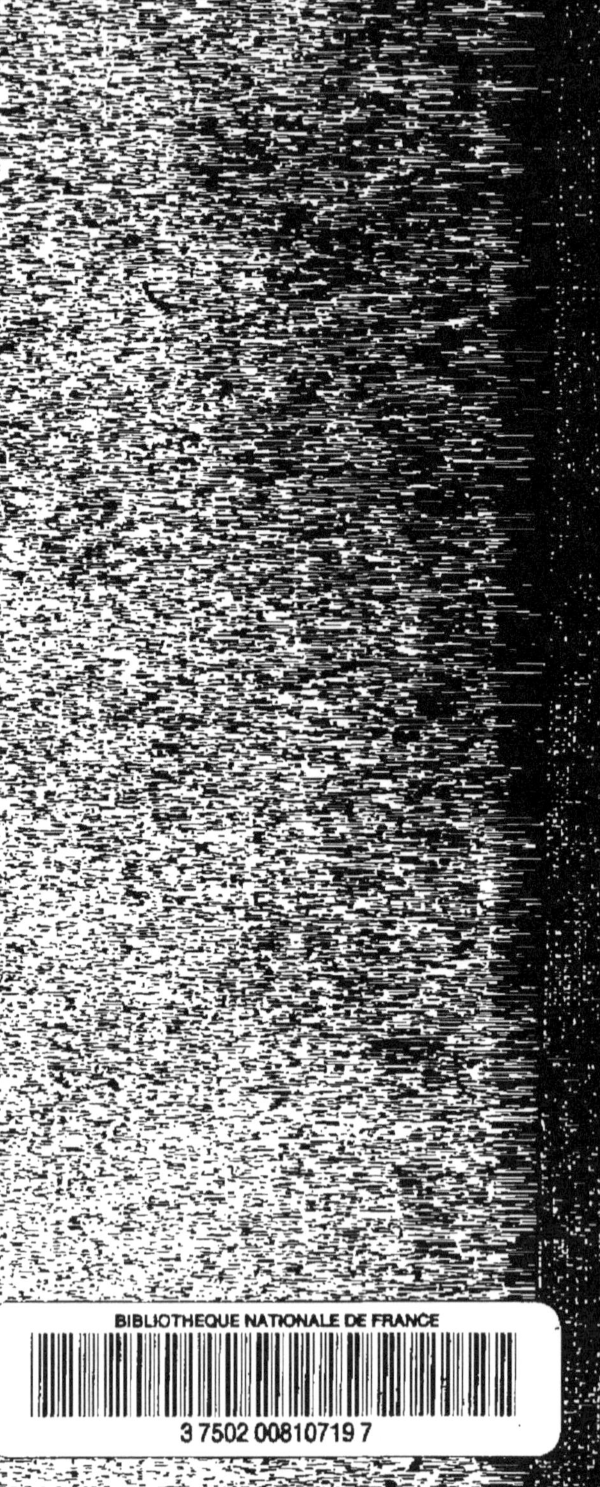